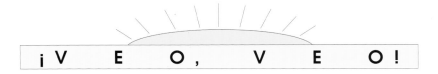

¡V E O , V E O !

En el campo

Karen Bryant-Mole

Heinemann Library
Des Plaines, Illinois

1999 Reed Educational & Professional Publishing
Published by Heinemann Library,
an imprint of Reed Educational & Professional Publishing,
1350 East Touhy Avenue, Suite 240 West
Des Plaines, IL 60018

Customer Service 1-888-454-2279

©BryantMole Books 1997

Designed by Jean Wheeler
Commissioned photography by Zul Mukhida

Printed and bound in China

03 02 01 00 99
10 9 8 7 6 5 4 3 2 1

Library of Congress Cataloging-in-Publication Data

Bryant-Mole, Karen
    [In the country. Spanish]
    En el campo / Karen Bryant-Mole.
        p.   cm. -- (Veo, veo!)
    Includes index.
    Summary: Spanish text and photographs identify various things in
the country, including birds, wildflowers, insects, trees, and more.
    ISBN 1-57572-905-9
    1. Natural history Juvenile literature. [1. Natural history.
2. Spanish language materials.] I. Title. II. Series: Bryant
-Mole, Karen. Picture this! Spanish.
    [QH48.B8918 1999]
    508--dc21   99-19128
                                                        CIP

Acknowledgments
The Publishers would like to thank the following for permission to reproduce photographs. Bruce Coleman ; 4 (left),12 (right), 13 (left) and 20 (right) Hans Reinhard, 8 (right) Allan G. Potts, 9 (left), 17 (bottom) George McCarthy, 9 (right) Gordon Langsbury, 12 (left) Mike McKavett, 16 (both) Kim Taylor, 17 (top) John Shaw, 21 (left) Joe McDonald, 21 (right) P Clement, Positive Images; 10 (both), 11 (both), Tony Stone Images; 4 (right) Pat Bates, 5 (left) G. Ryan & S. Beyer, 5 (right) David Paterson, 8 (left) Tom Ullrich, 13 (right) and 20 (left) Laurie Campbell.

Every effort has been made to contact copyright holders of any material reproduced in this book. Any omissions will be rectified in subsequent printings if notice is given to the Publisher.

Encontrás unas palabras en negrita, **asi**. El glosario te da su significado.

Contenido

El campo..4

¡Tanto para ver!........................6

Animales...............................8

Flores silvestres 10

Aves 12

Hierba 14

Insectos 16

Árboles 18

Casitas 20

Recuerdos 22

Glosario 24

Índice 24

El campo

El campo es muy variado.

bosques

montañas

pantanos

granjas

¡Tanto para ver!

En el campo hay mucho para ver.

6

Con estos objetos
puedes mirar
las cosas y **hacer
un registro** de lo
que ves.

Animales

En el campo hay muchos animales. Éstos son algunos.

zorro

ratón

ardilla

venado

Flores silvestres

Las flores silvestres crecen solas.

Florecen en primavera.

Aves

En el campo hay distintas aves.

granja

bosque

12

montaña

agua

Hierba

En el jardín cortamos la hierba.

En el campo la dejamos crecer.

14

15

Insectos

En el campo hay muchos insectos.

¿Has visto estos insectos?

libélula

abeja

16

mariposa

saltamontes

Árboles

Podemos **reconocer** los árboles por su **corteza,** hojas, semillas, frutos, **brotes** y flores.

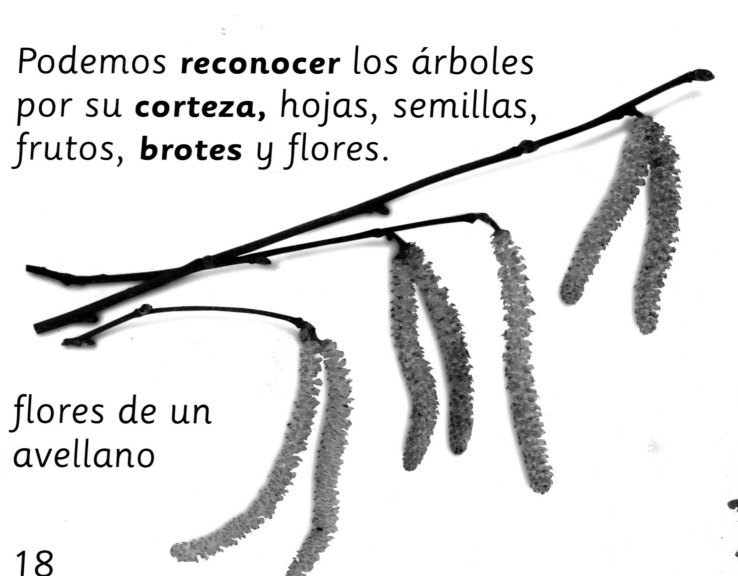

flores de un avellano

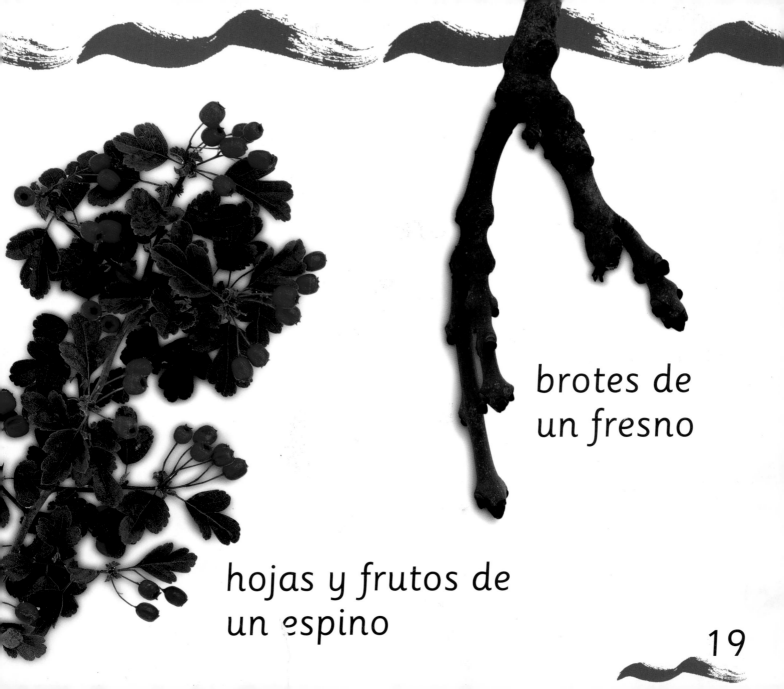

brotes de
un fresno

hojas y frutos de
un espino

Casitas

Los animales hacen su casita en distintos lugares.

debajo de la tierra

en las ramas

¡Los caracoles llevan
su casa a cuestas!

en los troncos

Recuerdos

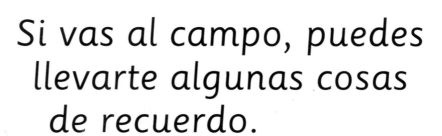

Si vas al campo, puedes
llevarte algunas cosas
de recuerdo.

No te lleves nada vivo
o que está creciendo.

23

Glosario

brote parte del árbol de donde nace una hoja
corteza la parte de afuera de los árboles
florecer cuando las flores se abren
hacer un registro escribir o dibujar
pantano tierra empapada de agua
reconocer saber qué es algo

Índice

agua 13
animales 8 y 9, 20 y 21
árboles 18 y 19,
    20 y 21
aves 12 y 13
bosque 4, 12
campo 4 y 5
flores silvestres 10 y 11
granjas 5, 12

hacer un registro 6 y 7
hierba 14 y 15
casitas de animales
    20 y 21
insectos 16 y 17
montañas 4 y 5, 13
pantanos 5
recuerdos 22 y 23